Rundgang
Dauer etwa 1½ Stunden

Start: Mittlere Brücke

Helvetia – Oberer Rheinweg: Bronzemodell der Stadt – Basiliskenbrunnen – Haus «Zum roten Schneck» – Fähri «Wild Maa» – Münster – Schlüsselberg mit Elefant, goldenem Löwen, Falken und kleinem Mann auf der Laterne – Rathaus – Lällekönig bei der Mittleren Brücke auf der Grossbasler Seite

Ziel: Museum Kleines Klingental am Unteren Rheinweg 26

reinhardt

Helen Liebendörfer

Basel, die verzauberte Stadt

Ein spielerischer Spaziergang für Kinder

Friedrich Reinhardt Verlag

Wir danken dem Lotteriefonds Basel-Stadt für die freundliche Unterstützung.

Titelbild: Der Regenwassersammler von Carl Gutknecht, 1901 geschaffen,
befindet sich an der Fassade des Rathauses ganz links oben.

Alle Rechte vorbehalten
© 2006 Friedrich Reinhardt Verlag, Basel
Titelbild: beim Staatsarchiv Basel-Stadt, NEG R 9026
Lektorat: Judith Belser
Gestaltung Inhalt: Werner Mayr
Druck: Reinhardt Druck Basel
ISBN 3-7245-1380-1

Vorwort

Zwei Kinder erkunden auf spielerische Art die Stadt Basel und entdecken zusammen mit ihren Begleitpersonen viele Einzelheiten, die ihnen in der Stadt bisher nicht aufgefallen sind.

Auf der Suche nach einem besonderen Tier, das die Stadt verzaubert hat, werden die Kinder mit ihren Begleitpersonen durch die Gassen und Strassen geführt. Am Ziel angekommen, hat man einen Teil der schönen Altstadt entdeckt und Basel besser kennen gelernt. Das Münster, das Rathaus und eine Fährifahrt sowie ein Besuch in einem Museum gehören dazu. Damit die Spannung erhalten bleibt und auch kleine Kinder durchhalten, werden die Orte nur kurz aufgesucht.

Dieses Buch kann zu Hause, im Kindergarten oder in der Schule den Kindern erzählt und mit ihnen betrachtet werden. Oder man spaziert direkt mit ihnen durch die Stadt und bindet sie aktiv ins Geschehen ein. Die Kinder suchen und entdecken die Objekte, worauf sie mit verteilten Rollen die Figuren ansprechen können. Für die Begleitpersonen stehen auf jeder Seite als Fussnote erklärende Hinweise zu den einzelnen Orten.

Entdeckerfreude und Zauber sollen helfen, die Stadt kennen zu lernen und lieb zu gewinnen, um bei andern Spaziergängen durch Basel mit offenen Augen herumzuschauen und weitere köstliche Einzelheiten zu entdecken.

Helen Liebendörfer

Helvetia bei der Mittleren Brücke

Michi und Anna rennen zusammen über die Mittlere Brücke. «Wer ist zuerst drüben?», ruft Michi und spurtet los. Beim Plätzchen auf der Kleinbasler Seite stoppt er vor der Frauenfigur mit dem Koffer und der Lanze. «Gewonnen!», schreit er keuchend. Die Frauenfigur kümmert sich nicht darum. Sie hat ihren Kopf in die Hand gestützt und schaut über das Wasser in die Ferne.

Anna kommt wenige Meter hinter Michi auch ans Ziel. Sie betrachtet die grosse Figur und fragt: «Was die Frau hier wohl macht?»

Michi liest auf der Tafel an der Wand und erklärt Anna: «Eines Tages springt Helvetia vom Zweifrankenstück herunter, nimmt Schild, Lanze sowie einen Koffer und macht sich auf die Reise. Müde kommt sie in Basel an und ...» Anna unterbricht ihn: «Helvetia schaut aber nicht müde drein, sondern eher traurig!»

«Du hast es gemerkt», hören sie da die Frauengestalt sprechen. «Ja, ich bin traurig, weil Basel verzaubert worden ist. Vielleicht könnt ihr mir helfen? Ihr müsst nur ein besonderes Tier finden. Wenn euch das gelingt, ist die Stadt vom Zauber erlöst und ich kann weiterreisen.»

Das muss man Michi und Anna nicht zweimal sagen. «Natürlich helfen wir dir», rufen sie begeistert.

«Gut. Dann schaut euch erst die verzauberte Stadt an», meint Helvetia. «Ihr müsst nur gleich hier die Treppe hinuntersteigen und den Tunnel durchqueren.»

Für Begleitpersonen:
Die Mittlere Brücke wurde im Jahr 1226 als erste Basler Brücke über den Rhein erstellt. Um den kostbaren Bau auch auf der andern Uferseite zu schützen, wurde eine Stadtmauer errichtet und die Bewohner von Niederbasel (um die Theodorskirche herum) begaben sich in deren Schutz. Damit war die Gründung von Kleinbasel erfolgt. Die heutige Brücke stammt von 1903. Helvetia wurde 1978 von der Basler Künstlerin Bettina Eichin geschaffen.

Die verzauberte Stadt

Michi und Anna ziehen begeistert los, springen die Treppe hinunter, durchqueren den Tunnel, spazieren flussaufwärts und finden tatsächlich die verzauberte Stadt!
Die Stadt ist ganz aus Bronze. Kalt und abweisend sieht sie aus. Die Häuser haben weder Fenster noch Türen, sogar die Bäume sind nur bronzene Kugeln. Kein Mensch ist zu sehen. Hin und wieder finden Michi und Anna auf einem Platz oder einem Hausdach merkwürdige Punkte. Es scheint eine Geheimschrift zu sein. Michi versucht vergeblich, sie zu entziffern.

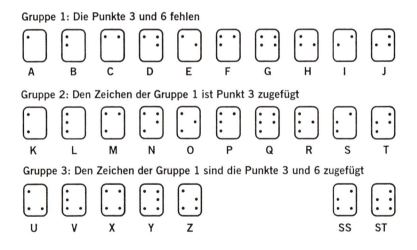

Für Begleitpersonen:
Das Bronzemodell für Blinde stellt das Grossbasler Rheinufer mit dem Münster und den Häusern dar. Die einzelnen wichtigen Gebäude sind mit Blindenschrift angeschrieben. Die Blindenschrift ist aufgebaut aus sechs Punkten im Rechteck.

Der Basilisk

Anna wird ungeduldig. «Komm, jetzt suchen wir das besondere Tier», ruft sie und dreht sich um – und sieht schon ein Tier! «Schau mal hier, der Drache auf dem kleinen Brunnen.»
Michi schaut sich das Tier an und weiss sofort, dass er davon schon gehört hat. «Das ist ein Basilisk», erklärt er Anna, «denn er sieht aus wie ein Drache, aber er hat einen andern Kopf. Siehst du, es ist der Kopf von einem Hahn. Man sagt, so ein Basilisk schlüpfe aus einem Ei, welches ein Hahn gelegt hat», lacht er.
Anna ist ganz aus dem Häuschen: «Aber das ist ja ein besonderes Tier!», ruft sie begeistert. Sie geht ganz nahe zum Brunnen und fragt: «Bist du das Tier, das die Stadt verzaubert hat?»
«Nein», antwortet der Basilisk mit krächzender Stimme. «Ich habe besseres zu tun: Ich halte das Wappen der Stadt Basel.»
Anna sieht das Wappen, aber sie ist trotzdem enttäuscht, dass sie das besondere Tier nicht schon gefunden hat.
«Vielleicht fragt ihr mal die Schnecke dort oben, die macht nichts anderes als rumzuschauen», meint der Basilisk aufmunternd.

Für Begleitpersonen:
Der Basilisk ist ein sagenhaftes Tier, das seit dem 15. Jahrhundert als Wappenhalter dient. Das Wappen ist ein schwarzer Bischofsstab auf weissem Feld, denn Basel war bis zur Reformation 1529 Bischofsstadt.
Der Basiliskenbrunnen gehört zu den Serienbrunnen, die 1884 gegossen wurden (mit Extraschale unten für die Hunde).

Die Schnecke

 Weder am Boden noch auf den Blättern der Bäume können Michi und Anna eine Schnecke entdecken. Endlich, nach langem Suchen, ruft Anna plötzlich: «Ich habe sie gefunden: da oben an der Hauswand!»

Es ist eine wunderschöne Schnecke mit einem grossen Schneckenhaus.

Diesmal will Michi fragen. «Bist du das Tier, das die Stadt verzaubert hat?», ruft er mit lauter Stimme zur Schnecke hinauf.

«Nein», antwortet diese mit zarter Stimme, «ich bin erst seit hundert Jahren hier oben. Aber fragt doch die Tiere am Münster, die sind schon viele Jahrhunderte dort. Die wissen bestimmt etwas darüber.»

Das Jagdfieber hat Michi und Anna gepackt. «Schnell zum Münster!», beschliessen sie und rennen zur Fähre, die sie auf direktem Weg zum Münster bringen kann.

Für Begleitpersonen:
Die Jugendstil-Schnecke befindet sich als Hauszeichen an der Hauswand zwischen dem ersten und zweiten Stock des gotischen Hauses mit dem Namen «Zum roten Schneck». Da die Häuser früher alle mit einem Namen versehen waren – es gab noch keine Hausnummern – und die Leute meist nicht lesen konnten, wurde gerne der Hausname bildlich dargestellt.

Auf der Fähre

Die Kinder erzählen dem Fährimaa eifrig, was sie suchen. Vielleicht weiss er ja etwas darüber. «Ja, ja, die verzauberte Stadt kenne ich», meint er. «Am Münster hat es viele Tiere. Mir gefallen vor allem die Elefanten am Chor.»
Ungeduldig warten Michi und Anna, bis die Fähre am Grossbasler Ufer angekommen ist, um die Elefanten suchen zu können. Die vielen Treppen hochzusteigen macht ihnen gar nichts aus. Der Fährimaa schaut ihnen kopfschüttelnd nach.

Für Begleitpersonen:
Fähren über den Rhein gibt es in Basel seit 1874; die Münsterfähre verkehrt seit 1877. Sie sind auf Initiative des Basler Kunstvereins ins Leben gerufen worden. Man wollte mit dem Ertrag ein Kunsthaus (die heutige Kunsthalle) finanzieren helfen.

Auf der Pfalz

Ausser Atem sind Michi und Anna auf der Pfalz angekommen und schauen sich suchend um. Es hat viele Leute hier. «Da schau, direkt am Fenster des Chors stehen die Elefanten», keucht Michi und zieht Anna sofort zum Münster.
«Komische Elefanten», meint Anna, als sie diese betrachtet. Sie könnte bestimmt einen besseren Elefanten malen. Schon oft hat sie die Tiere im Zolli beobachtet. Aber wahrscheinlich gab es gar keinen Zoologischen Garten vor so langer Zeit und der Steinmetz konnte nicht einfach hingehen und nachsehen, wie ein Elefant aussieht.
Zögernd meint Anna schliesslich: «Wisst ihr etwas über das besondere Tier, das die Stadt verzaubert hat?»
«Nein, wir wissen gar nichts. Wir kommen hier nie weg. Du siehst ja, dass wir die Säulen tragen müssen», brummt der eine Elefant.
«Vielleicht fragt ihr mal die Tiere vorne an der Fassade des Münsters, die sehen viel mehr», fügt der andere Elefant hinzu.
Michi hat noch weitere lustige Figuren entdeckt am Chor, aber Anna zieht ihn mit sich fort: «Komm jetzt, wir gehen zu den Tieren an der Fassade.»

Für Begleitpersonen:
Die Elefanten am Fenster des Chors des Basler Münsters, wie auch die übrigen Figuren, stammen aus dem 12. Jahrhundert. Es sind Kopien. Die Originale befinden sich im Klingentalmuseum.

Vor dem Münster

 Staunend betrachten Michi und Anna den tapferen Ritter Georg auf dem Pferd mit der langen Lanze, die er gegen den Drachen gerichtet hält. «Ein besonderes Tier, das die Stadt verzaubert hat …», murmelt Michi, «das könnte ein böser Drache sein!»
Keck ruft er zum Drachen hinauf: «Bist du das Tier, das die Stadt verzaubert hat?»
Der Drache kann nur flüstern. Einerseits, weil der Speer des Ritters in seinem Rachen steckt, andererseits, weil er nicht will, dass der Ritter hört, was er antwortet: «Du siehst doch, dass ich in den letzten Zügen liege, der Ritter hat mich schon durchbohrt! Geh schnell ins Innere des Münsters. Dort findest du am Boden bei der Kanzel einen andern Drachen. Aber pst, leise, nichts verraten, damit der Ritter diesen Drachen nicht auch noch findet.»

Für Begleitpersonen:
Der Ritter Georg mit dem Drachen ist eine Kopie. Das Original aus dem 14. Jahrhundert ist im Klingentalmuseum untergebracht.

Der Flüsterbogen

Anna hat kein Wort davon mitbekommen, was Michi vom Drachen erfahren hat. Sie hat sich nämlich die andern Figuren an der Fassade näher angeschaut, vor allem den König und die Königin.
Michi hingegen weiss jetzt Bescheid. «Komm, ich flüstere es dir zu», meint er mit einem scheuen Blick zum Ritter hinauf.
Er zieht Anna zum Flüsterbogen bei der kleinen Eingangspforte. Anna hält das Ohr an den Bogenrand und Michi flüstert auf der andern Seite in die Bogenwölbung, was er erfahren hat. Tatsächlich, Anna versteht jedes Wort!
Rasch suchen sie den Eingang zum Münster.

Für Begleitpersonen:
Den Flüsterbogen findet man an der kleinen Eingangspforte links unterhalb von Ritter Georg. Man flüstert auf der einen Seite in die äusserste Bogenwölbung, während die Person auf der andern Seite das Ohr an die Bogenwölbung hält.
Der «König und die Königin» sind Kaiser Heinrich II. und seine Gemahlin Kunigunde. Sie sehen hier die Originalfiguren aus dem 13. Jahrhundert. Kaiser Heinrich II. hat im Jahr 1019 ein Münster gestiftet, nachdem die Magyaren im Jahr 917 einen Münsterbau an dieser Stelle zerstört hatten. Das «Heinrichsmünster» brannte leider im Jahr 1085 nieder. An seiner Stelle steht der heutige Bau aus dem 12. Jahrhundert.

Öffnungszeiten des Münsters:
Sommer 10–17 Uhr, Winter 11–16 Uhr
(Gottesdienst: Samstag 16.30 Uhr und Sonntag 10 Uhr).

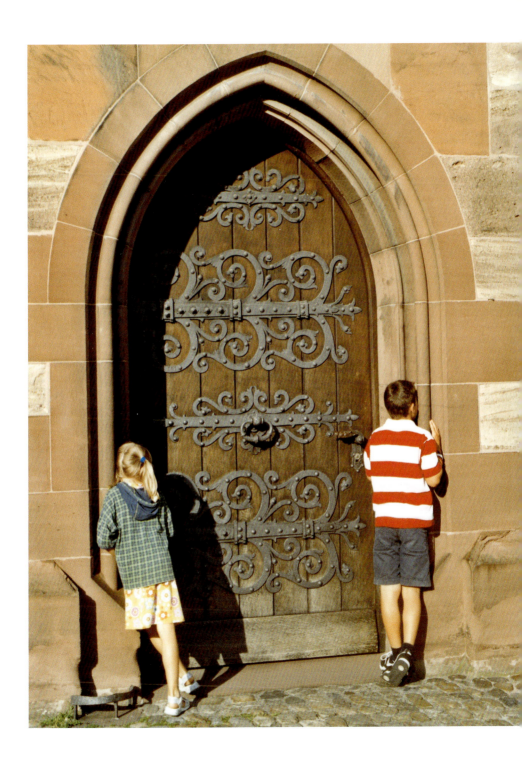

Im Münster

Im Innern wagen Michi und Anna nicht mehr zu rennen, schliesslich befinden sie sich in einer Kirche. Das gedämpfte Licht, das durch die bunten Glasfenster scheint, die mächtigen Pfeiler und der hohe, weite Raum machen grossen Eindruck auf sie.
Gesittet wandern sie durch den Mittelgang zur Kanzel und schauen suchend auf den Boden. Tatsächlich, da ist nochmals ein Drache. Er hat einen Furcht erregenden roten Kopf! Aber auch er kann nicht weiterhelfen.
«Fragt doch mal den kleinen Hund hinter der Kanzel, der springt immer mal wieder fort. Vielleicht weiss er etwas», rät der Drache.

Für Begleitpersonen:
Der romanische Münsterbau aus dem 12. Jahrhundert wurde 1356 bei einem schweren Erdbeben beschädigt, deshalb sind das Gewölbe des Mittelschiffs und der obere Teil des Chores im 14. Jahrhundert im gotischen Stil wiederaufgebaut worden.
Am Boden bei der Kanzel findet man das Drachentondo, das vom ehemaligen Mörtelfussboden stammt. Es ist um 1170 entstanden. Die Kerbzeichnung ist mit schwarzer und roter Paste gefüllt worden.

Das Hündlein an der Kanzel

Die beiden Kinder entdecken das kleine Hündlein erst nach einigem Suchen. Es versteckt sich hinter der Kanzel und nagt an einem Knochen. Erschreckt hebt es den Kopf. Es hätte nicht gedacht, dass man es finden könnte!

«Das ist *mein* Knochen», knurrt es leise. «Den habe ich vom Wilden Mann am Schlüsselberg. Nein, von einem besonderen Tier weiss ich nichts. Aber beim Wilden Mann habe ich einen Elefanten gesehen hoch oben an der Hauswand. Vielleicht kann der euch weiterhelfen. Lasst mich nun in Ruhe an meinem Knochen nagen.»

Für Begleitpersonen:
Die Kanzel wurde 1486 aus Wiesentaler Sandstein gehauen. Zahlreiche Figuren am Fuss der Kanzel wurden während der Reformationswirren abgeschlagen, ausser dem kleinen Hund, der sich erfolgreich auf der Seite gegen den Pfeiler hin versteckt hält. Um ihn zu sehen, ist eine Taschenlampe von Vorteil.

Am Schlüsselberg

Vom Schlüsselberg haben Michi und Anna noch nie gehört. Sie fragen deshalb die Frau am Kiosk. Sie erklärt ihnen, dass man nur quer über den Münsterplatz laufen müsse, um die Gasse zu finden. Bald haben Michi und Anna die Strasse erreicht und springen auf den Pflastersteinen abwärts. Den grossen Wilden Mann aus Stein kann man nicht übersehen. Aber den Elefanten müssen sie lange suchen: Ganz hoch oben an der gelben Hauswand gegenüber vom Wilden Mann entdecken sie ihn schliesslich.
Sie bitten beide mit lauter Stimme um Hilfe.
«Ich weiss leider gar nichts darüber», ruft der Elefant von oben herab, «aber vielleicht der goldene Löwe, der gleich ein paar Häuser weiter unten zu finden ist.»

Für Begleitpersonen:
Der Wilde Mann war das Hauszeichen der Herberge «Zum Wilden Mann» an der Freie Strasse 35. Das Haus wurde 1901 abgebrochen und durch einen Neubau ersetzt. Das Hauszeichen hat man an die Hinterfassade versetzt.
Der Elefant, ein Relief von 1915 von Carl Gutknecht, stellt den ersten Elefanten des Zoologischen Gartens Basel dar. Es war eine Elefantendame. Man nannte sie Miss Kumbuk, denn sie stammte aus Indien vom Kumbuk-Fluss.

Der goldene Löwe

Bergabwärts geht es rasch vorwärts, und den goldenen Löwen entdecken die beiden sofort. «Ist das ein schöner Löwe», flüstert Anna bewundernd.

Der Löwe aber kümmert sich nicht um die Kinder, da er auf einen Reiter wartet. Neben der Haustüre befindet sich nämlich ein Sockel, damit Reiter besser aufs Pferd steigen können. Aber es ist schon sehr lange kein Reiter mehr mit dem Pferd den Schlüsselberg heruntergekommen.

Anna klettert rasch auf den Stein und hebt ein Bein, um sich besser vorstellen zu können, wie man von diesem Sockel aus auf ein Pferd steigen würde.

Da muss der Löwe lachen: «Na, ihr zwei», meint er, «was sucht ihr denn bei mir?»

Michi erklärt es ihm, aber der Löwe weiss nichts von einem besonderen Tier. «Mir fällt nur der Falke ein, der gleich nebenan wohnt. Er fliegt in der ganzen Stadt herum, vielleicht kann der euch helfen.»

Für Begleitpersonen:
Der vergoldete Markus-Löwe aus dem 15. Jahrhundert ist das kunstvolle Hauszeichen des Hauses «Zum Venedig».
Der Sandstein-Sockel zum Aufsteigen auf ein Pferd befindet sich rechts neben dem Portal.
Der Schlüsselberg hiess früher Rossberg.

Der Falke

Michi und Anna entdecken den Vogel in einer Nische hoch oben am nächsten Haus. Mit seinen scharfen Augen hat der Falke die beiden schon längst beobachtet.
«Ihr braucht mich gar nicht zu fragen», krächzt er. «Ich kenne viele besondere Tiere, aber ich wüsste nicht, was euch das angeht!»
Das fehlte gerade noch! Michi und Anna sind empört. Sie wollen doch nur helfen. «Kannst du uns denn nicht verraten, wer es ist?»
Da hören sie plötzlich jemanden kichern. Wer lacht sie denn da aus?

Für Begleitpersonen:
Der Falke ist das Hauszeichen des Hauses «Zum Fälkli». Man entdeckt ihn oben in einer Nische. Beim Fenster des Hauses befinden sich die Wappen der Familie Falkner (daher der Hausname) und Mieg sowie das Datum 1589.

Der kleine Mann

Michi findet bald heraus, wer gelacht hat. Etwas weiter unten steht ein lustiger kleiner Mann auf einer Laterne.

«Warum lachst du uns aus?», fragt Michi ihn ungehalten.

«Ach, ich lache euch doch nicht aus. Ich habe nur gerade daran gedacht, dass es im Rathaus viele besondere Tiere gibt, sogar zweibeinige!», schmunzelt der kleine Mann.

Das ist eine gute Idee! Michi und Anna beschliessen, als nächstes zum Rathaus am Marktplatz zu gehen. Das ist gar nicht weit von hier und sie kennen es gut. Immer während der Adventszeit betrachten sie dort im Hof den grossen, zauberhaften Weihnachtsbaum. Sie marschieren rasch los, biegen unten am Schlüsselberg rechts ab und sind nach wenigen Schritten am Marktplatz und beim Rathaus.

Für Begleitpersonen:
Die kleine Laterne mit dem Männchen darauf ist der humorvolle Hinweis auf eine Toilette, entworfen vom Basler Kunstmaler Niklaus Stoecklin (wenige Meter bergabwärts, rechts).

Im Rathaushof

Die prachtvolle Fassade des Rathauses am Marktplatz würdigen die beiden Kinder mit keinem Blick. Sie rennen gleich durch die Türbogen in den Hof.

Dort bleiben sie erstaunt stehen und blicken sich um. Überall hat es Bilder an den Wänden. Ob es auch Tiere darunter hat?

«Dort sind zwei Hunde», ruft Anna begeistert.

Der grosse Hund knurrt aber laut und steht auf, als sie näher gehen will. Sie hat ein wenig Angst und wagt es nicht, ihn nach dem besonderen Tier zu fragen.

Für Begleitpersonen:
Die Bilder am Rathaus wurden um 1600 von Hans Bock gemalt und um 1900 von Wilhelm Balmer neu angebracht. Genaue Angaben zu den Bildern findet man auf den kleinen Hinweistafeln direkt bei den Malereien.

Der Papagei und der Affe

«Komm, wir steigen besser die grosse Treppe hoch», rät Michi. Das ist Anna sehr recht, so ist der grosse Hund etwas weiter entfernt. Von der Treppe aus sieht man die Bilder erst noch viel besser.
«Schau, da oben sitzt ein bunter Papagei», frohlockt Anna.
«Und ein lustiger Affe ist auch dabei!», entgegnet Michi begeistert.
«Ich frage mal den Papagei», meint Anna. «Nein, ich frage zuerst den Affen», erwidert Michi.
Aber weder der Affe noch der Papagei wissen etwas über ein besonderes Tier.

Für Begleitpersonen:
Affen und Papageien bekam man früher nur selten zu sehen. Papageien waren bei grossen Fürstenhöfen und deren Damen seit den Kreuzzügen bekannt und sehr beliebt.

Der Römer

Etwas ratlos zotteln Michi und Anna wieder die Treppe hinunter und setzen sich müde gegenüber auf ein paar Treppenstufen – nicht zu nahe bei den Hunden!

Sie betrachten interessiert die grosse Statue auf dem Sockel. Michi weiss, dass sie einen römischen Feldherrn darstellt. Mit seinem wallenden Tuch, der schillernden Rüstung und dem goldenen Helm steht der Römer stolz und gebieterisch da.

Michi geht etwas näher hin, weil er sehen möchte, was der Mann unter seinem kurzen Rock trägt.

«Du, es sind rote Hosen!», lacht er und dreht sich zu Anna um. Da sieht er plötzlich, dass hinter Anna an der Wand ein Löwe gemalt ist. Er kauert neben der kleinen Türe.

Für Begleitpersonen:
Die Statue stellt den römischen Feldherrn Munatius Plancus dar. Sie wurde von Hans Michel im 16. Jahrhundert geschaffen. Munatius Plancus gilt als Stadtgründer von Basel, da auf seiner Grabtafel in Italien steht, dass er 44 vor Christus in der Gegend der Rauriker (Keltenstamm der Region) eine Stadt gegründet habe. Es wird darüber diskutiert, ob damit Basel oder Augusta Raurica gemeint ist.

Der Löwe

Michi ist gleich wieder bei der Sache: «Kannst du uns vielleicht weiterhelfen und uns sagen, wo wir ein besonderes Tier finden könnten?», ruft er dem Löwen zu.

«Wie viele Tiere habt ihr denn schon gefragt?», will der Löwe wissen.

Anna beginnt aufzuzählen: «Den Basilisken am Brunnen, die Schnecke an der Hauswand, die Elefanten am Münster, den Drachen beim Ritter Georg, den Drachen im Münster, den kleinen Hund an der Kanzel …»

«… und den Elefanten am Schlüsselberg», fährt Michi fort. Er hat an den Fingern mitgezählt. «Dann den goldenen Löwen und den Falken und den Papagei und den Affen hier im Rathaushof – das sind elf Tiere. Du, lieber Löwe, bist das zwölfte Tier, das wir fragen.»

«Bravo», freut sich der Löwe. «Wenn ihr zwölf Tiere gefragt habt, darf ich euch nämlich verraten, wer helfen kann: Geht jetzt zum Lällekönig an der Mittleren Brücke und fragt ihn.»

Für Begleitpersonen:
Der Löwe befindet sich bei den wenigen Treppenstufen, die zur kleinen Pforte führen, genau gegenüber der Statue von Munatius Plancus.

Der Lällekönig

Michi und Anna strahlen. Den Lällekönig, der die Zunge herausstreckt, den kennen sie natürlich. Rasch marschieren sie zur Mittleren Brücke. Der Lällekönig rollt begeistert mit seinen Augen. «Ja, ich weiss, was für ein besonderes Tier ihr sucht», meint er, bevor er seine Zunge herausstreckt. «Es ist der Vogel Gryff. Er tanzt jeweils im Januar auf der Brücke beim Käppelijoch.»
«Oh», ruft Michi enttäuscht, «da müssen wir noch lange warten, bis wir ihn sehen können und die Stadt entzaubert wird.»
Die beiden Kinder machen lange Gesichter. Jetzt haben sie sich so viel Mühe gegeben und nun sollen sie so lange warten!
Der Lällekönig rollt wieder seine Augen und streckt seine Zunge raus. «Nein, nein, ich habe eine bessere Idee: Geht jetzt über die Brücke und steigt bei der Helvetia die Treppe runter und ...»
«Aber das haben wir doch alles schon gemacht», unterbricht ihn Anna verzweifelt.
«Lass mich nur ausreden! Ihr steigt also bei der Helvetia die Treppe runter, geht dann aber geradeaus weiter flussabwärts. Bald kommt ihr zum Klingentalmuseum. Steigt dort in den ersten Stock und ihr werdet den Vogel Gryff finden. So einfach geht das!» Sagts und streckt wieder die Zunge heraus.
«Versuchen wir es», meint Michi entschlossen. «Jetzt geben wir nicht auf!»

Für Begleitpersonen:
Der Lällekönig (in der linken Ecke oberhalb des Eingangs zum gleichnamigen Restaurant) war einst über dem Stadttor, dem Rheintor, angebracht, bis dieses im Jahr 1839 abgerissen wurde. Das Original der Königsmaske befindet sich im Historischen Museum Basel.
Vogel Gryff, Wild Maa und Leu, die drei Ehrenzeichen der Ehrengesellschaften von Kleinbasel, tanzen im Januar (je nach Vorsitz am 13., 20. oder 27. Januar) um 12 Uhr bei der Kapelle auf der Mittleren Brücke jeweils mit dem Rücken gegen Grossbasel.

Im Klingentalmuseum

Michi und Anna rennen wieder über die Mittlere Brücke und gleich die Treppe hinunter.
«Wir haben es herausgefunden!», rufen sie zu Helvetia hinauf. Sie schaut ungläubig.
«Ja, es ist der Vogel Gryff», jubeln die beiden und springen dem Rheinufer entlang flussabwärts dem Ziel entgegen.
Beim Haus Nr. 26 kann Michi lesen: Museum Kleines Klingental. Das ist es! Gespannt steigen sie die Treppe hoch in den ersten Stock. Die Tür zum Zimmer ist offen – und tatsächlich: Da steht in der Ecke stolz der Vogel Gryff!
Zaghaft nähern sich Michi und Anna dem grossen Tier.
«Schau mal, er hat Pfoten und einen Schwanz wie ein Löwe», staunt Anna.
«Und dazu einen Kopf wie ein Adler», ergänzt Michi begeistert.
«Wirklich, das ist ein besonderes Tier!»

Für Begleitpersonen:
Das Museum Kleines Klingental, Unterer Rheinweg 26, ist geöffnet am Mittwoch und Samstag von 14 bis 17 Uhr und am Sonntag von 10 bis 17 Uhr. Für Extra-Öffnungen (Schulklassen gratis): Tel. 079 303 00 82.
Der Vogel Gryff verneigt sich mit dem fast 40 Kilo schweren Kostüm rund 200 Mal.

Die Stadt Basel

Der Vogel Gryff schaut lange auf die beiden Kinder herab.
«So, so, ihr habt mich also gefunden», meint er schliesslich. «Da kann man nichts machen. Mein Spass ist damit zu Ende. Steigt jetzt die nächste Treppe hoch. Dort findet ihr im Zimmer die entzauberte Stadt.»

«Vielen Dank», rufen die beiden jubelnd und rennen rasch die nächste Treppe hinauf. Und wirklich: Da steht die Stadt mit dem Münster und den vielen Häusern, dem Rhein und der Brücke! Die Häuser haben wieder Fenster und Türen und neben dem Münster wachsen Bäume mit saftigen grünen Blättern.

Michi und Anna können sich nicht satt sehen. «Nun kann Helvetia endlich weiterreisen», freut sich Anna.

«Ja, schau mal», staunt Michi, «da ist doch die Brücke, aber Helvetia ist schon nicht mehr da!»

Für Begleitpersonen:
Das Stadtmodell, von Alfred Peter geschaffen, zeigt die Stadt Basel im 17. Jahrhundert. Damals gab es nur eine einzige Brücke – die heutige Mittlere Brücke – über den Rhein, auf der Kleinbasler Seite aus Stein, auf der Grossbasler Seite aus Holz erbaut. Weitere Brücken kamen erst viel später dazu: Eisenbahnbrücke 1874, Wettsteinbrücke 1879, Johanniterbrücke 1882, Dreirosenbrücke 1933, St. Alban-Brücke 1955.

Autorin

Die Baslerin Helen Liebendörfer (*1943) ist bekannt als Stadtführerin und Dozentin an der Volkshochschule Basel. Mit grosser Liebe und Begeisterung zeigt sie die besonderen, versteckten Sehenswürdigkeiten der Stadt.

Von Helen Liebendörfer sind bereits im Friedrich Reinhardt Verlag erschienen:

Spaziergänge in Basel für Touristen und Einheimische
84 Seiten, 2000, 3. Auflage

Spaziergänge zu Malern, Dichtern und Musikern in Basel
123 Seiten, 2000, 2. Auflage

Spaziergänge zu Frauen und Kindern in Basel
130 Seiten, 2003

Die Bücher sind zu je CHF 19.80/€ 13.50 im Buchhandel oder unter www.reinhardt.ch erhältlich.